AF405052

ESCRIME

DU

SABRE.

SAUMUR,

Imprimerie de A. Degouy.

1838.

ESCRIME DU SABRE.

Les trois Leçons de l'Escrime du Sabre se donneront indistinctement à pied et à cheval : la troisième n'est que le complément des autres.

ESCRIME A PIED.

1. Les cavaliers seront disposés ainsi qu'il est dit au n° 102 de l'Ecole du Cavalier et au n° 329 (bis) de l'Ecole de l'Escadron à pied. (Voir Instruction du Cavalier à pied.)

2. On fera mettre le sabre à la main conformément à l'art. 51 de l'Ecole du Cavalier à pied.

PREMIÈRE LEÇON.

3. Les files étant ouvertes, l'instructeur, avant de faire mettre le sabre à la main, expliquera ce qu'on entend par côté droit et par côté gauche de la poignée.

Le côté droit de la poignée est la partie qui est tournée vers le corps; le côté gauche est la partie extérieure.

Les cavaliers ayant le sabre à la main, on commandera :

1° *Garde à vous.*

2° *Pour le maniement du sabre.*

3° *EN GARDE.*

4. Au commandement *en garde*, porter le sabre en avant, le bras demi-tendu, le poignet en tierce, à hau-

teur de l'estomac, la pointe dirigée à gauche et plus élevée que le poignet d'environ 49 centimètres (18 pouces), le pouce sur le dos de la poignée.

Porter en même temps le pied droit à deux pieds du gauche, les deux talons sur la même ligne, et placer la main gauche comme le cavalier à cheval tenant les rênes de la bride.

De la Tierce.

5. On appelle *tierce* la position dans laquelle le tranchant du sabre est tourné en dehors vers le côté droit, les ongles en-dessous.

On commandera :

Présentez — TIERCE.

Un temps et deux mouvements.

6. 1° Porter le poignet vis-à-vis et à environ 22 centimètres (8 pouces) de distance du creux de l'estomac, tourner le sabre de manière que le tranchant soit à droite, la pointe inclinée en avant, le pouce alongé sur le dos de la poignée et appuyé contre la garde.

2° Revenir en garde.

De la Quarte.

7. On appelle *quarte* la position dans laquelle le tranchant est tourné en dedans vers le côté gauche, les ongles en-dessus.

On commandera :

Présentez — QUARTE.

Un temps et deux mouvements.

8. 1° Tourner la paume de la main vers le corps, de maniere que le tranchant soit à gauche, la pointe inclinée en avant, le pouce alongé et appuyé contre la garde.

2° Revenir en garde.

Des Moulinets.

On commandera :

A gauche — MOULINET.

Un temps et deux mouvements.

9. 1° Etendre le bras droit de toute sa longueur, le poignet en tierce, à la hauteur des yeux, la pointe en avant.

2° Raser vivement l'encolure du cheval à gauche, en décrivant un cercle, et revenir en garde.

A droite — MOULINET.

Un temps et deux mouvements.

10. 1° Etendre le bras droit de toute sa longueur, le poignet en quarte et à hauteur des yeux, la pointe en avant.

2° Raser vivement l'encolure du cheval à droite en décrivant un cercle, et revenir en garde.

A gauche et à droite — MOULINET.

Un temps et deux mouvements.

11. 1° Exécuter le premier mouvement du moulinet à gauche.

2° Exécuter le second mouvement du moulinet à gauche, puis du moulinet à droite, et revenir en garde.

A droite et à gauche — MOULINET.

Un temps et deux mouvements.

12. 1° Exécuter le premier mouvement du moulinet à droite.

2° Exécuter le second mouvement du moulinet à droite, puis du moulinet à gauche, et revenir en garde.

En arrière — MOULINET.

Un temps et deux mouvements.

13. 1° Elever le bras droit de toute sa longueur, le sabre perpendiculaire, le tranchant à droite, le pouce alongé sur le côté droit de la poignée.

2• Décrire un arc de cercle en arrière à droite, en tournant la tête de ce côté; ayant soin de tenir le poignet au-dessus de la tête et le plus en arrière possible; ensuite revenir en garde.

14. On exercera les cavaliers à exécuter ces différents moulinets sans s'arrêter sur les mouvements, ensuite on les exercera à les exécuter en continuant, sans s'arrêter, le second mouvement de chaque moulinet.

Pour le faire cesser, on commandera :

EN GARDE.

15. A ce commandement, reprendre la position indiquée n° 4.

16. Dans les moulinets, la pointe du sabre doit décrire un grand cercle, la lame présenter, autant que possible, le plat en avant et en arrière, et non vers le côté. La direction doit être telle, que la tête du cheval, ses hanches, ni les genoux du cavalier ne puissent être atteints.

Observations.

17. Dans les moulinets, ainsi que dans tous les mouvements de l'escrime, l'instructeur veillera à ce que les cavaliers n'emploient pas une force inutile et nuisible, et ne fassent aucun mouvement de corps qui dérange, par la suite, leur assiette à cheval et la position de la main de la bride.

18. Les moulinets ayant pour but d'assouplir le bras, le poignet et l'épaule, on commencera et on finira toutes les leçons de l'escrime par l'exécution des différents moulinets, à un degré de vitesse analogue aux progrès des élèves.

Des Coups de Pointes.

On commandera :

En tierce — POINTEZ.

Un temps et trois mouvements.

19. 1° Elever le poignet toujours en tierce, refuser l'épaule droite en retirant le coude en arrière, le poignet à hauteur des yeux, la pointe en avant, le tranchant en l'air.

2° Porter le coup en avant, le tranchant à droite, la pointe dirigée contre la poitrine de l'adversaire.

3° Revenir en garde.

Nota. Avec le sabre courbe, le tranchant resté en l'air pour exécuter ce mouvement.

En quarte — POINTEZ.

Un temps et trois mouvements.

20. 1° Descendre le poignet près de la hanche droite, le poignet tourné en quarte, la pointe un peu plus élevée que le poignet, le pouce sur le côté droit de la poignée.

2° Porter le coup en avant, le tranchant à gauche, la pointe dirigée vers la poitrine.

3° Revenir en garde.

A gauche en tierce — POINTEZ.

Un temps et trois mouvements.

21. 1° Tourner la tête à gauche, retirer en même temps le poignet en tierce vers la droite, en élevant un peu le bras, le tranchant de la lame en l'air, la pointe dirigée à gauche.

2° Porter le coup de pointe à gauche.

3° Revenir en garde.

A droite en quarte — POINTEZ.

Un temps et trois mouvements.

22. 1º Tourner la tête à droite, porter le poignet droit à hauteur et près du téton gauche, le tranchant en l'air, la pointe dirigée à droite.

2º Porter le coup de pointe à droite, en étendant le bras de toute sa longueur.

3º Revenir en garde.

En arrière — POINTEZ.

23. 1º Tourner la tête en arrière à droite, ramener le poignet à hauteur de l'épaule droite, la lame dirigée horizontalement en arrière, le tranchant en l'air.

2º Porter le coup de pointe en arrière.

3º Revenir en garde.

24. NOTA. Les coups de pointe portés à des hommes cuirassés, doivent être dirigés soit à la figure, soit au défaut de la cuirasse à l'aisselle, ou à la hanche.

A droite contre infanterie — POINTEZ.

Un temps et trois mouvements.

25. 1º Porter le poignet en quarte, à hauteur de la hanche droite, la pointe du sabre dirigée sur le fantassin.

2º Plonger de suite un coup de pointe en quarte.

3º Revenir en garde.

A gauche contre infanterie — POINTEZ.

Un temps et trois mouvements.

26. 1º Tourner la tête à gauche, porter le poignet en tierce à hauteur de l'épaule droite, la pointe du sabre dirigée sur le fantassin, le tranchant en l'air pour le sabre courbe et le tranchant en avant pour le sabre droit.

2º Plonger de suite un coup de pointe en tierce.

3º Revenir en garde.

Observation.

27. Tous les coups de pointe doivent être donnés en allongeant le bras de toute sa longueur.

Les cavaliers étant en garde, on commandera :

Portez — (LE) SABRE.

Un temps.

28. Replacer le sabre, le dos de la lame au défaut de l'épaule; rapporter en même temps le pied droit à côté du gauche et replacer la main gauche dans le rang.

Dans cette position, on commandera :

Présentez — (LE) SABRE.

Un temps.

29. Exécuter le premier temps du commandement *Inspection du Sabre* à pied, nº 52. (Ecole du cavalier.)

Portez — (LE) SABRE.

Un temps.

30. Reporter le sabre à l'épaule.

Position de haut le Sabre.

On commandera :

1º *Comme premier rang.*

2º *Haut* — (LE) SABRE.

Un temps.

31. Porter le sabre en avant pour pointer, le poignet tourné en tierce et à hauteur des yeux, le bras demi-tendu et le tranchant de la lame à droite, la pointe un peu plus basse que le poignet.

Portez — (LE) SABRE.

32. Comme il a été dit.

1º *Comme second rang.*

2º *Haut* — (LE) SABRE.

Un temps.

33. Elever le sabre, le bras demi-tendu, le poignet un peu au-dessus de la tête, le tranchant de la lame en l'air, la pointe en arrière et plus élevée que le poignet d'environ 32 cent. (1 pied).

Portez — (LE) SABRE.

34. Comme il a été dit.

Pour faire remettre le sabre, on commandera :

    1° *Garde à vous.*

    2° *Remettez* — (LE) SABRE.

Deux temps.

35. 1° Au commandement *remettez*, exécuter le premier temps de l'inspection du sabre à pied.

2° Au commandement *sabre*, exécuter le troisième temps du même commandement, et le sabre étant dans le fourreau, placer la main droite sur le côté.

36. Pour faire serrer les files et les rangs, on se conformera à ce qui est dit n° 329 (bis) de l'Ecole de l'Escadron à pied.

Observation.

37. Dans la première leçon, lorsque les cavaliers prennent de nouvelles attitudes, ils se roidissent et éprouvent par suite une lassitude insupportable ; il faut donc éviter de les y tenir long-temps. S'il y a des fautes à corriger, on doit commander *repos*, faire recommencer le mouvement à l'homme qui a mal exécuté, et ne faire reprendre la position à tous les cavaliers que lorsque les moins intelligents ont compris.

DEUXIÈME LEÇON.

Des Coups de Sabre.

Les cavaliers ayant été exercés à l'exécution des différents moulinets, ainsi qu'il a été dit n° 18, on commandera :

A droite sur les rênes — SABREZ.

Un temps et trois mouvements.

33. 1° Elever le sabre, le bras demi-tendu, le poignet à hauteur du front, la pointe de la lame en l'air dirigée à gauche et plus élevée que le poignet d'environ un pied.

2° Porter vivement un coup de sabre vertical en alongeant le bras de toute sa longueur, le coup un peu dirigé à droite.

3° Revenir en garde.

En tierce — SABREZ.

Un temps et trois mouvements.

39. 1° Porter le poignet à hauteur et vis-à-vis de l'épaule gauche, le pouce alongé sur le dos de la poignée, le sabre perpendiculaire, le tranchant à gauche.

2° Détacher vivement le bras hors du corps et l'étendre de toute sa longueur, en donnant horizontalement un coup de sabre.

3° Revenir en garde.

En quarte — SABREZ.

Un temps et trois mouvements.

40. 1° Elever le sabre, le bras tendu sur le côté droit, le poignet en quarte, la pointe plus élevée que le poignet d'environ 1 pied.

2º Donner vivement un coup de sabre transversalement gauche.

3º Revenir en garde.

En tierce et en quarte — SABREZ.

Un temps et quatre mouvements.

41. 1º Préparez le coup de sabre en tierce.

2º Donner le coup de sabre en tierce et préparer celui de quarte.

3º Donner le coup de sabre en quarte.

4º Revenir en garde.

En quarte et en tierce — SABREZ.

Un temps et quatre mouvements.

42. 1º Préparez le coup de sabre en quarte.

2º Donner le coup de sabre en quarte et préparer celui de tierce.

3º Donner le coup de sabre en tierce.

4º Revenir en garde.

En arrière à droite — en tierce et en quarte —
SABREZ.

Un temps et quatre mouvements.

43. Même explication qu'au commandement *en tierce et en quarte sabrez*, en y ajoutant au premier mouvement :

Tourner la tête à droite en avançant l'épaule gauche.

En arrière à gauche — en quarte et en tierce —
SABREZ.

Un temps et quatre mouvements.

44. Même explication qu'au commandant *en quarte et en tierce sabrez*, en ajoutant au premier mouvement :

Tourner la tête à gauche en avançant l'épaule droite.

Observations.

45. Les coups de sabre doivent être portés en *sciant* et en déployant le bras de toute sa longueur.

On fera observer que, pour porter des coups de sabre à un homme à pied, ils doivent être dirigés verticalement au lieu de l'être horizontalement.

Parades des Coups de sabre.

On commandera :

Coups de Pointe en tierce — PAREZ.

Un temps et deux mouvements.

46. 1° Porter vivement le poignet à droite, pour chasser avec force l'arme de l'ennemi.

2° Revenir en garde.

Coups de pointe en quarte — PAREZ.

Un temps et deux mouvements.

47. 1° Porter vivement le poignet à gauche en le tournant en quarte, pour chasser avec force l'arme de l'ennemi.

2° Revenir en garde.

Pour la tête — PAREZ.

Un temps et deux mouvements.

48. 1° Elever le poignet au-dessus de la tête, le bras demi-tendu, le tranchant en l'air, la pointe à gauche plus élevée que le poignet d'environ 6 pouces.

2° Revenir en garde.

A gauche pour la tête — PAREZ.

Un temps et deux mouvements.

49. Même explication que la parade précédente, ajoutant au premier mouvement :

Refuser l'épaule gauche, en portant le poignet et tournant la tête à gauche.

A droite pour la tête — PAREZ.

Un temps et deux mouvements.

50. 1° Tourner la tête à droite en refusant l'épaule droite, élever le poignet au-dessus de la tête, les ongles en-dessus, le bras demi-tendu, le tranchant en l'air, la pointe en arrière à droite et plus élevée que le poignet d'environ 6 pouces.

2° Revenir en garde.

51. *Nota.* Les coups de lance se pareront comme les coups de pointe.

Parades des Coups de Baïonnette.

On commandera :

A droite contre infanterie — PAREZ.

Un temps et deux mouvements.

52. 1° Porter vivement le poignet contre l'épaule gauche, la pointe en l'air, le poignet en quarte, le pouce alongé sur le côté droit de la poignée, raser l'encolure du cheval à droite, écarter avec force la baïonnette avec le dos du sabre, plonger de suite un coup de pointe en quarte.

2° Revenir en garde.

53. *Nota.* Si la baïonnette n'avait pas été rencontrée, on ramènerait par un demi-moulinet le poignet à la hauteur de la hanche et en tierce, pour donner le coup de pointe dans cette position.

A gauche contre infanterie — **PAREZ.**

Un temps et deux mouvements.

54. 1° Elever le sabre à droite, le bras tendu, le poignet en tierce, le pouce alongé sur le dos de la poignée, raser l'encolure du cheval à gauche, écarter avec force la baïonnette avec le dos du sabre, plonger de suite un coup de pointe en tierce.

2° Revenir en garde.

La leçon sera terminée par l'exécution des différents moulinets.

TROISIÈME LEÇON.

Réunion des différents coups des deux premières Leçons.

Après l'exécution des différents moulinets, sans s'arrêter sur les mouvements, on commandera :

55. {
En tierce — POINTEZ.
En quarte — PAREZ.
En tierce — SABREZ.
}

Nota. En prononçant ces commandements, on ne s'arrêtera après chaque commandement d'exécution que le temps nécessaire pour le laisser exécuter par les cavaliers. Il en sera de même des commandements suivants :

56. {
En quarte — POINTEZ.
En tierce — PAREZ.
En quarte — SABREZ.
}

57. {
A gauche en tierce -- POINTEZ.
A gauche pour la tête — PAREZ.
En quarte — SABREZ.

58. {
A droite en quarte — POINTEZ.
A droite pour la tête — PAREZ.
A droite sur les rênes — SABREZ.

59. {
En arrière — POINTEZ.
En arrière pour la tête — PAREZ.
En arrière en tierce — SABREZ.

Nota. La parade *en arrière pour la tête* est la même que celle *à droite*, la tête restant tournée en arrière à droite.

60. {
A droite contre infanterie — PAREZ.
En tierce et en quarte — SABREZ.

61. {
A gauche contre infanterie — PAREZ.
En quarte et en tierce — SABREZ.

Observations.

62. Tous les coups de sabre se termineront par un demi-moulinet qui ramènera à la position *en garde.*

Pour faire ensuite exécuter ces divers coups par un seul commandement, on commandera:

63. *En tierce* — POINTEZ ET SABREZ.

64. *En quarte* — POINTEZ ET SABREZ.

65. *A gauche* — POINTEZ ET SABREZ.

66. *A droite* — POINTEZ ET SABREZ.

67. *En arrière* — POINTEZ ET SABREZ.

68. *A droite contre infanterie* — PAREZ ET SABREZ.

69. *A gauche contre infanterie* — PAREZ ET SABREZ.

70. Les mouvements de présenter le sabre, le faire haut le sabre comme premier et second rang, et enfin les moulinets termineront la leçon. Lorsque les cavaliers exécuteront régulièrement les trois leçons à pied, on les exercera à cheval aux mêmes mouvements.

ESCRIME A CHEVAL.

71. On fera ouvrir les rangs, prendre les distances, serrer les files et les rangs, conformément aux articles 26, 27, 42 et 43 de l'ordonnance de cavalerie relative à l'instruction de la lance; mais les intervalles entre les files ouvertes ne seront que de quatre pas au lieu de cinq.

72. On recommencera la progression des leçons, en supprimant les définitions de la tierce et de la quarte, ce qu'on entend par côté droit et côté gauche de la poignée, et enfin tout ce qui est relatif seulement à l'escrime à pied.

73. Le travail à cheval aura lieu,

1° De pied ferme par mouvements;

2° Aussi par mouvements, en marchant au pas et en files;

3° De pied ferme, sans s'arrêter sur les mouvements;

4° Sans s'arrêter sur les mouvements, marchant au pas, en files, et faisant les à droite, à gauche, demi-tours à droite et à gauche par cavalier, indiqués à la troisième leçon du cavalier à cheval ;

5° En marchant en files au trot, d'abord en s'arrêtant sur les mouvements, et enfin sans s'y arrêter, faisant aussi les à droite, à gauche et demi-tours indiqués ci-dessus ;

6° Enfin en marchant au galop, ce qui n'aura lieu que lorsque les cavaliers auront été exercés à la sixième leçon à cheval.

74. Lorsque la leçon du maniement du sabre sera donnée sur des chevaux qui ne seront pas habitués à cet exercice, il faudra user de beaucoup de ménagement, afin de ne pas les effrayer, et les habituer peu à peu aux mouvements du sabre.

75. L'instructeur veillera à ce que le maniement du sabre à cheval ne fasse pas déroger aux principes d'équitation qui ont été donnés aux cavaliers.

9 782019 949761